Edmond Kamango Selemani Sheta-Sheta

Les gros mensonges des Témoins de Jéhovah

Edmond Kamango Selemani Sheta-Sheta

Les gros mensonges des Témoins de Jéhovah

Séparez-vous des Témoins de Jéhovah

Éditions Croix du Salut

Cover image: www.ingimage.com

Publisher:
Éditions Croix du Salut
is a trademark of
International Book Market Service Ltd., member of OmniScriptum Publishing Group
17 Meldrum Street, Beau Bassin 71504, Mauritius

Printed at: see last page
ISBN: 978-613-7-36844-2

ROYAUME DE DIEU

EGLISE DE L'EVANGILE ETERNEL

« E.E.E. »

E-mail : egliseevangileeternel@yahoo.fr

Tél. : 081 216 2503 – 099 322 8947

LES GROS MENSONGES
DES TEMOINS DE JEHOVAH

KAMANGO SELEMANI SHETA – SHETA
Messager de l'Evangile Eternel

INTRODUCTION

Les Témoins de Jéhovah passent pour une Congrégation du Vrai Dieu, et ils sont une synagogue de Satan. Une synagogue de Satan se caractérise principalement par le mensonge. Et nous avons éprouvé les Témoins de Jéhovah, et nous les avons trouvés menteurs.

Dans les lignes qui suivent, nous exposons quelques-uns des gros mensonges des Témoins de Jéhovah.

1. UN MESSAGE CONFUS

Le message véhiculé par les Témoins de Jéhovah est un gros mensonge.

Les Témoins de Jéhovah font un amalgame d'évangiles. Ils annoncent simultanément un évangile dépassé et un évangile actuel. En effet, ils disent que le royaume de Dieu a été établi en 1914 alors qu'ils se réfèrent à un évangile qui tient le royaume de Dieu pour un bien encore futur. En vérité, Mt 24 : 14 ne dit pas que le royaume de Dieu est établi. Mais ce verset déclare précisément que la bonne nouvelle du royaume sera annoncée à toutes les nations, en leur confirmant que le royaume de Dieu est proche.

En conséquence, nul ne peut honnêtement se servir de Mt 24 : 14 pour proclamer l'établissement effectif du royaume de Dieu. Ce qui fait comprendre que les Témoins de Jéhovah proclament un message confus. Ils ne savent pas ce qu'ils doivent faire. C'est ce qui arrive aux Apôtres et prophètes autoproclamés.

Les seules écritures prévues par Dieu lui-même pour proclamer le moment venu, l'établissement du royaume de Dieu sur la terre sont Apoc. 11 : 15 et Apoc. 14 : 6-7. En effet, Apoc.11 : 15 atteste clairement que le royaume de Dieu sera établi à la septième trompette. Comme chacun sait, la septième trompette n'a pas sonné du vivant de Jésus pour que Mt 24 : 14 ait trait au royaume de Dieu établi. Quant à lui, Apoc.14 : 6-7 montre que le moment venu Dieu enverra un homme pour proclamer la venue de son jugement. Or tout le monde sait que Dieu avait fixé un jour où Il jugerait le monde par Jésus Christ (Ac 17 : 30-31). Cela veut dire que le jour où l'Ange de l'Evangile éternel paraîtra, c'est le jour où Jésus Christ est établi en qualité de juge suprême du monde. Or le magistrat suprême du monde est le Chef du pouvoir civil du monde entier. Par conséquent, le jour où l'Evangile éternel est publié, c'est le jour où Jésus-Christ est intronisé comme Roi du monde.

Si donc il y a quelqu'un qui a qualité pour annoncer l'établissement du royaume de Dieu, c'est l’Ange Messager de l'Evangile éternel dont mention est faite en Apoc. 14 : 6-7.

A moins de souffrir de myopie intellectuelle, toute personne qui compare Mt 10 : 7 et Mt 24: 14, d'une part, à Apoc.11 : 15 et Apoc.14 : 6-7, d'autre part, constate aisément que les deux groupes d'écritures s'adressent à deux époques différentes, en même temps qu'ils véhiculent deux messages différents. Le premier annonce l'établissement futur du royaume de Dieu, le second la venue même du royaume de Dieu.

2. L'INTRONISATION DE JESUS EN 1914

Les Témoins de Jéhovah affirment que Jésus a été intronisé début octobre 1914 et qu'aussitôt il a précipité le dragon et ses anges dans les régions voisines de la terre. C'est, ajoutent-ils, ce qui explique la première guerre mondiale 1914-1918. Cette date est fausse pour plusieurs raisons.

2.1. Le fruit d'un calcul humain

Premièrement, elle est le fruit d'un calcul humain, alors que pareille date ne peut se déterminer par voie de calcul. Autrement Jésus aurait donné des indications aux Apôtres qui le harcelaient avec des questions là-dessus. Mais Jésus Christ, qui connaissait parfaitement bien les prophéties de Daniel, prophéties dont se servent les Témoins de Jéhovah pour fixer la date de 1914, a répondu aux apôtres qu'il ne connaissait pas ce jour, car Dieu l'a fixé de sa propre autorité. Et il a dit aux apôtres que ce n'était pas leur affaire de connaître cette date à l'avance (Mt 24 : 36 ; Ac 1 : 6-8). Cette leçon vaut également pour les Témoins de Jéhovah.

2.2. Le fruit des falsifications.

Ensuite cette date est le fruit des falsifications de l'écriture sainte.

2.2.1. Première falsification

Les Témoins font des 7 ans de la suspension du règne de Nebucadnetsar 2520 ans des temps des nations. Or l'écriture et l'histoire profane attestent que la prophétie du grand arbre (Dan. 4) s'applique précisément au roi Nebucadnetsar, qui a effectivement perdu son règne pendant 7 ans avant de le recouvrer selon la parole de Dieu.

2.2.2. Deuxième falsification

Le point de départ des 2520 ans représentant les temps des nations. Les Témoins comptent les 2520 ans à dater de la chute du roi Sédécias, intervenue en 607 avant notre ère, alors que cette chute est antérieure à la prophétie du grand arbre.

2.2.3. Troisième falsification

Les témoins appliquent au trône de David une prophétie qui n'a aucun rapport avec lui, mais qui a trait exclusivement au trône de Babylone. Ils font donc coïncider le trône de Babylone avec le trône de David.

En rectifiant toutes ces erreurs, la date de 1914 tombe comme un château bâti sur du sable mouvant.

2.3. Antériorité de la guerre 14/18

Troisièmement, la guerre de 1914 a été déclenchée en août 1914, soit deux mois environ avant la prétendue intronisation de Jésus, située en octobre1914. Nous constatons donc que ce n'est pas l'intronisation de Jésus qui a donné le coup d'envoi de cette guerre. Par conséquent, voir dans cette guerre l'accomplissement de la guerre prévue en Apoc.12 est une erreur monumentale. D'autre part, la guerre de 1914 a opposé les nations impies entre elles, alors que celle annoncée en Apoc.12 met aux prises les saints et les impies.

Dans le même ordre d'idées, la victoire de la guerre de 1914 est revenue aux Etats-Unis et leurs alliés, en l'occurrence la France, la Russie, l'Angleterre, la Serbie, la Belgique, l'Italie, la Roumanie, le Japon qui sont tous des nations impies. En tout cas il ne viendrait pas à l'esprit d'un Témoin de Jéhovah sérieux de reconnaître en ces derniers pays les représentants du trône divin.

Or la guerre de l'Apoc. 12 : 7-18 se solde sur la victoire des saints du Très-Haut. Au ciel, Michel et son armée, agissant pour le compte de Dieu et de Jésus, ont vaincu le dragon et ses démons (Apoc.12 : 7-9). Sur la terre, l'armée de Satan qui tentait de faire périr les membres de la grande foule, a été anéantie par l'armée de Jéhovah, Dieu (Apoc.12: 13-16).

Selon Apoc.19 : 19-21, cette guerre sainte débouchera sur la destruction physique de tous les rois, tous les généraux, tous les grands, tous les puissants, tous les hommes libres et esclaves opposés au règne de Dieu. Or la guerre de 1914 n'a emporté aucun roi, à notre connaissance. Par contre, les rois, les grands, et les puissants, présents à la guerre 14-18 ont renforcé leur puissance, consolidé leurs richesses et accru leur fortune.

2.4. Dysharmonie avec les paroles de Jésus

Quatrièmement, la date de 1914 n'est pas en harmonie avec les paroles de Jésus en ce qui concerne la fin des temps des nations.

Pour Jésus, les temps des nations se terminent quand les Juifs restaurent l'Etat hébreu et que la ville de Jérusalem cesse d'être foulée aux pieds par les nations. Or en 1914, on était très loin de l'accomplissement de la prophétie du Fils de Dieu (Luc 21 :24).

2.5. Démentie par la couverture évangélique

Cinquièmement enfin, la date de 1914 n'est pas compatible avec le taux de couverture évangélique du monde. D'après Apoc. 5 : 8-12, l'intronisation de Jésus intervient après que toutes les tribus de la terre aient été couvertes par l'année de la grâce publiée par Jésus et que, de surcroît, chaque tribu, chaque langue, chaque nation, chaque peuple, soit représenté dans la sacrificature royale par un de ses ressortissants au moins. Or en 1914 aucun Musonge, aucun esquimau, pour ne citer que ces deux peuples, n'était devenu membre de l'Association les Témoins de Jéhovah, prétendument appelée l'unique Congrégation théocratique de Dieu sur la terre. C'est dire que celui qui a été intronisé en 1914 est un autre Jésus, et pas le Fils de Dieu né de la Vierge Marie.

3. L'UNIQUE ORGANISATION THEOCRATIQUE DE JEHOVAH

Les Témoins de Jéhovah prétendent être l'unique Organisation théocratique de Jéhovah sur la terre. Cette prétention ne résiste pas à la critique. En effet, pour être l'organisation de Jéhovah, une association doit, particulièrement à l'époque de l'établissement du royaume de Dieu, compter en son sein au moins un saint de chaque tribu de la terre. En tout cas, l'écriture montre que le jour où Jésus Christ reçoit la royauté, ce qui est symbolisé par sa réception du livre scellé de sept sceaux, l'organisation théocratique de Jéhovah compte au moins un prêtre-roi de chaque tribu, de chaque langue, de chaque nation et de chaque peuple de la terre (Apoc. 5 : 8-10). Or à notre connaissance, l'Association les Témoins de Jéhovah ne remplit pas cette condition.

Nous avons toujours demandé aux Témoins de Jéhovah de nous dire les noms des oints témoins de Jéhovah, originaires des tribus de Basonge, de Bazura et de tant d'autres de la

République Démocratique du Congo. A ce jour, ils ne nous ont proposé aucun nom.

Or, si, comme ils l'enseignent, Jésus a été investi de l'autorité royale en 1914, alors toutes les tribus de la terre ont eu leurs oints. Mais puisque les Témoins sont incapables de produire l'identité des membres oints ressortissants de toutes les tribus de la terre, nous sommes obligé de conclure qu'il doit y avoir d'autres oints ailleurs, si pas tous, et que, par conséquent, les prétentions des Témoins sont fausses.

Puisque selon les Témoins, il reste environ 9000 membres oints seulement dans le monde, et que toutes les tribus de la terre n'ont pas été représentées dans la classe des prêtres-rois, nous concluons que l'organisation "les Témoins de Jéhovah" n'est pas instituée de Jéhovah Dieu.

4. LA SOUMISSION AUX AUTORITES GOUVERNEMENTALES

Les Témoins de Jéhovah affirment une chose et son contraire. D'une part, ils affirment que le royaume de Dieu a été établi en 1914 et que Jésus-Christ a été intronisé cette année-là. D'autre part, ils affirment qu'ils doivent se soumettre aux autorités gouvernementales et étatiques en vertu d'une disposition divine contenue en Rm. 13 : 1-7.

Au cours d'un Congrès des Témoins tenu à Lubumbashi en 1996, au stade Lupopo, nous avons entendu ce qui suit, que nous reconstituons de mémoire: "Il ne peut venir à l'esprit des Témoins de Jéhovah de désobéir aux Autorités supérieures. Les Témoins sont soumis aux Autorités politiques en vertu d'une disposition divine qui les soumet au roi, au gouverneur, au magistrat. Les Témoins ne peuvent pas participer aux mouvements de désobéissance civile, ni à ceux destinés au renversement d'un gouvernement ».

Cette déclaration est une honte des Témoins de Jéhovah. En effet, il n'est pas sérieux du tout de proclamer la venue du règne de Dieu et en même temps de reconnaître la souveraineté des rois et chefs d'Etat du présent système, sur un même territoire, le monde. Ces deux choses sont incompatibles car le royaume de Dieu doit renverser tous les gouvernements du monde. L'établissement du royaume de Dieu rend caduque la disposition de Rm. 13 : 1-7 soumettant les saints du Très-Haut aux Autorités du présent système de choses.

La confusion entre le royaume de Dieu et les gouvernements du monde ne vient pas de la Bible mais des Témoins seuls qui se sont attribué eux-mêmes une tâche qui dépasse leur capacité. En effet, la Bible enseigne clairement que le jour où Jésus-Christ sera intronisé, la souveraineté sera retirée à tous les rois, Chefs d'Etat, empereurs et présidents de la terre (Dan.7: 12-14).

En conséquence de quoi, celui qui proclame l'avènement de Jésus-Christ à la tête du monde ne peut continuer à reconnaître les Autorités supérieures de ce monde, car elles sont à ce moment-là déchues de leurs positions élevées.

Quant à la prolongation de vie accordée aux nations aux termes de l'ordonnance divine mentionnée en Dan. 7 : 12, il y a lieu de noter que c'est une prolongation de tout sauf de la souveraineté. En termes clairs, les Chefs d'Etat dépouillés de leur souveraineté demeurent cependant en place comme autorité de transition chargée d'assurer l'ordre, la sécurité et le service administratif, jusqu'à ce que les saints du Très-Haut possèdent le royaume. La mission essentielle de l'autorité de transition est de supprimer la fausse religion (Apoc. 17 : 16) et de transférer à chacune des tribus du pays concerné son autonomie dont elle a été dépossédée ou dont elle s'est dessaisie au profit d'un Etat commun, et permettre ainsi à chaque tribu de s'occuper de ses affaires.

Que dire de Rm. 13 : 1 qui déclare que toute autorité vient de Dieu? Ce verset ne procède pas d'une inspiration divine, mais c'est une opinion personnelle de Paul. La preuve est que ce verset est en nette contradiction avec le reste des écritures saintes inspirées de Dieu. Examinons-en quelques-unes.

Osée 3: 4,5:

Les enfants d'Israël resteront longtemps sans chef, sans roi...

Après cela, les enfants d'Israël reviendront; ils chercheront l'Eternel, leur Dieu, et David, leur roi.

L'écriture précédente dit que pendant une longue période, il n'y aura point en Israël d'Autorité voulue par Dieu. Cette époque va de la chute du roi Sédécias vers 607 avant notre ère, jusqu'au rétablissement du trône de David c'est-à-dire à l'avènement de Jésus-Christ à la tête du monde (Ez. 21 : 30-32 ; Jér. 39 : 1-10).

Or chacun sait que durant cette période, il y a eu malgré tout des Autorités en Israël, et même présentement il y a des Autorités étatiques en Israël.

Peut-on dire que ces Autorités israéliennes qui ont dirigé Israël durant cette période viennent de Dieu? Non, ce sont des autorités autoproclamées comme l'atteste l'écriture ci-après (Osée 8 : 3) :

Ils ont établi des rois sans mon ordre et des chefs à mon insu.

Cette écriture dit clairement que les hommes se donnent eux-mêmes leurs dirigeants. Comment alors peut-on affirmer que toute autorité, absolument toute, vient de Dieu ?

En Luc 4 : 5-7 le diable déclare qu'il est le chef suprême du pouvoir civil du monde et que c'est lui qui délègue l'autorité sur toute la terre. Et Jésus ne le lui a pas contesté (Voir Jn. 14 : 30 ; 16 : 11).

En Apoc. 13 : 1-2, Dieu lui-même révèle que l'Autorité qui dirige le monde vient de Satan. Quand on sait que selon Apoc.17 : 11-12, Apoc. 16 : 12 et Apoc. 19: 20, tous les rois et Chefs du présent système donnent leur autorité et leur puissance au représentant de Satan, nous comprenons que les autorités qui existent actuellement sont instituées de Satan.

Par conséquent, l'insinuation de Paul est une opinion personnelle de l'apôtre et ne doit pas être utilisée par les saints du Très-Haut pour obéir à n'importe quelle autorité gouvernementale. Il n'est pas rare que l'apôtre Paul émette un avis sur certaines matières. En réglementant en matière de mariage, il dit : 1 Co 7 : 12, 25 :

Verset 12 : Aux autres, ce n'est pas le Seigneur, c'est moi qui dis ....

Verset 25 : Pour ce qui est des vierges, je n'ai point d'ordre du Seigneur; mais je donne un avis...

Et ce n'est pas Paul seulement qui donnait des avis sur certaines questions brûlantes en attendant des précisions inspirées de Dieu. Un autre exemple nous vient du prophète Nathan. Celui-ci avait approuvé le projet de David de construire un temple à Dieu. Mais un peu plus tard, la parole de Dieu lui fut adressée sur la question en ces termes :

Va dire à mon serviteur David :

Ainsi parle l'Eternel : ce ne sera pas toi qui me bâtiras une maison pour que j'en fasse une demeure... 1Chroniques 17 : 1-4.

Si donc un serviteur de Dieu fait une insinuation qui entre en conflit avec le reste des

écritures inspirées de Dieu, sachez qu'il a donné son avis et non la parole de Dieu.
Et en pareil cas, il faut suivre la règle énoncée en 1 Thes. 5 : 20 à 21. Car nous bronchons tous en paroles, disait l'Apôtre Jacques (Jc 3 : 2).

Ainsi donc, en disant que Rm 13 : 1-2 est une opinion personnelle de Paul, je ne cherche nullement à discréditer cette perle de Dieu, ni à m'élever au-dessus de l'étoile de Dieu. Je tiens simplement à éclairer l'opinion mondiale sur l'origine de cette écriture que Satan et ses suppôts emploient pour museler les saints et soumettre les nations aux Autorités instituées de Satan.

Ceci dit, dès que Jésus est intronisé, les saints ne doivent plus se soumettre aux Autorités du présent système. En revanche, les saints doivent demander à ces derniers de déposer le pouvoir, car leur temps est accompli.

Les témoins de Jéhovah sont des menteurs. Contrairement à leur prétention, ils ne représentent point le Christ intronisé. En effet les témoins n'accomplissent point les prophéties relatives à l'intronisation de Jésus, notamment celles ayant trait à la loi, à l'instruction, et aux attributs de souveraineté du Seigneur Jésus.

Les témoins publient-ils la loi éternelle ? Mobilisent-ils les nations autour des attributs de souveraineté de Jésus intronisé ? Transmettent-ils les instructions de Jésus intronisé aux rois de la terre ? La réponse est non. Nous allons voir pourquoi.

4.1. LA LOI

Le jour de son intronisation, Dieu ordonne à son Fils de publier aussitôt après le décret.

Psaume 2 : 1-9 :
Pourquoi ce tumulte parmi les nations, ces vaines pensées parmi les peuples
Pourquoi le roi de la terre se soulèvent-ils
Et les princes se liguent-ils avec eux contre l'Eternel et son oint?
Brisons leurs liens, délivrons-nous de leurs chaînes !
Celui qui siège dans les cieux rit, le Seigneur se moque d'eux.

Puis il leur parle dans sa colère, il les épouvante dans sa fureur :
C'est moi qui ai oint mon roi sur Sion, ma montagne sainte !
Je publierai le décret ; l'Eternel m'a dit : Tu es mon fils ! Je t'ai engendré aujourd'hui.
Demande –moi et je te donnerai les nations pour héritage, les extrémités de la terre pour possession.
Tu les briseras avec une verge de fer, tu les briseras comme le vase d'un potier.

Cette section des saintes écritures parle bien d'un décret qui sera publié par le Fils de Dieu, Jésus-Christ. De quel décret s'agit-il ? La réponse est dans le texte. Il s'agit du décret ayant trait à son investiture de l'autorité royale, à la révocation de tous les rois de la terre, décret *condamnant ces derniers à la destruction, et ordonnant à Jésus d'instaurer le royaume de Dieu sur la terre. Il s'agit d'une loi éternelle et nouvelle, qui proclame Jésus – Christ Roi des rois et Seigneur des seigneurs de toute la terre, le met en possession de toutes les nations et des extrémités de la terre, ordonne à tous les rois* *de la terre, à tous les peuples et aux hommes de toutes langues de servir, de baiser, et d'obéir à Jésus et aux saints du Très-Haut sous peine de périr dans leur voie, déclare hors-la-loi tous les rois de la terre, et vacants leurs postes , qu'eux-mêmes soient morts ou vivants, et interdit aux hommes de toutes nations, tribus, langues et peuples d'obéir , de servir et de faire allégeance aux anciens dominateurs du monde.*

C'est cette loi qui ordonne à tous les hommes de renoncer à tout devoir ou obligeance envers les puissants de la terre (Apo 14 :9-12), loi qui fera l'objet de contestation de la part de la corne et alliés, selon Dan 7 :19-25 et Apo 13 :11-18.

Cette loi abroge toutes dispositions antérieures contraires, en l'occurrence celles de l'épître de Paul aux Romains, chapitre treize, versets premier et deuxième, qui ont longtemps servi de prétexte aux chrétiens pour se mêler de la politique de ce monde et soumettre les enfants de Dieu aux autorités établies par Satan.

Sauf erreur de notre part, les témoins n'ont jamais publié cette loi, et la corne n'a jamais essayé de la changer. D'ailleurs savaient-ils qu'il existait une loi dans la prescience de Dieu qui allait être promulguée à la fin du monde et que la corne espérerait changer ? Pas évident.

Celui qui publie cette loi ne peut se cacher derrière un prétexte, ni invoquer Romains 13 : 1-7 pour continuer à obéir aux autorités étatiques qui sont déchues. Or les témoins qui prétendent publier l'intronisation de Jésus intervenue selon eux en 1914, enseignent à leurs membres à se soumettre aux autorités gouvernementales.

Vous voyez bien qu'ils prêchent une rébellion contre l'Eternel et son oint.

Quant à nous, nous avons, dès le trois mai 1983, publié la loi en question. Et conséquemment, la bête écarlate à sept têtes et dix cornes ainsi que la bête à deux cornes semblables à celles d'un agneau, ont aussitôt réagi en essayant de changer la loi et les temps, textuellement comme cela a été prédit par le prophète Daniel.

En effet, en 1983, j'ai publié la loi éternelle rappelée ci-dessus. La même année le Vatican et les Etats-Unis qui sont respectivement la Bête écarlate à 7 têtes et 10 cornes et la bête à 2 cornes semblables à celles d'un agneau, ont fait les déclarations ci-après.

4.1.1. DECLARATION DU VATICAN

Dans sa tentative de se maintenir au pouvoir, et désireux de prolonger les temps des nations en violation de la constitution divine, le chef d'Etat du Vatican et roi du monde, a, par la bouche de son roi en exercice, le Pape Jean-Paul II, fait la déclaration suivante en rapport avec le nouveau gouvernement mondial :

« Les hommes n'ont pas une seule chance d'établir un système politique viable à moins que ce ne soit sur la base d'un christianisme Catholique Romain. »

Cette déclaration ignore et nie toute possibilité de mettre en place un système politique de droit divin promis par l'Eternel et qui sera piloté par le Fils de Dieu, notre Seigneur Jésus-Christ. Coïncidant avec la promulgation de la loi portant investiture de Jésus de l'autorité royale, cette prise de position du Pape accomplit clairement l'écriture qui dit que la corne espérera changer la loi et les temps. C'est que le Vatican essaiera de briguer un autre mandat à la fin des temps impartis aux nations pour diriger le monde. Il espérera changer la constitution divine pour prolonger son mandat.

4.1.2. DECLARATION DES ETATS-UNIS

Le 22 septembre 1983, s'adressant au Senat américain dans un plaidoyer en faveur d'un nouvel ordre mondial, Dan Quayle, Vice –Président des Etats-Unis, a fait la déclaration suivante :

« Sous la conduite courageuse du Pape Jean-Paul II, l'état du Vatican a pris sa juste place dans le monde. Il est juste maintenant que notre pays montre son respect pour le Vatican en le reconnaissant de façon diplomatique comme une nation. »

Cette déclaration est une déclaration de guerre contre l'Eternel Dieu, car elle a été faite la même année où Dieu a oint son Roi sur

Sion pour mettre en place le gouvernement mondial de droit divin.

Du 03 mai 1983 au 22 septembre 1983, cette réaction est intervenue 4 mois seulement après l'investiture du Fils de Dieu. N'est-ce pas là de toute évidence un défi lancé contre le Dieu Fondateur de l'univers, qui seul change les temps et les circonstances ?

Abondant dans le même sens, George Bush, Président des Etats-Unis, dans un discours sur l'état de l'Union américaine, prononcé le 18 février 1991, a fait pour sa part la déclaration ci-après :
«C'est une grande idée : un nouvel ordre mondial, dans lequel divers pays peuvent s'assembler pour une cause unique… Et seuls les Etats-Unis ont l'ascendance morale et les moyens de la défendre. »
C'est maintenant clair comme de l'eau de roche : les Etats-Unis sont cette bête qui a deux cornes semblables à celles d'un agneau et qui exerce toute l'autorité de la première bête en sa présence, et qui fait que la terre et ses habitants adorent la

première bête dont la blessure mortelle avait été guérie (Apo 13 :12).

Vous avez pu vous rendre compte que l'année 1983 est la vraie date de l'intronisation de Jésus-Christ, et pas 1914.

4.2. LES ATTRIBUTS DE JESUS.

Le dessein bienveillant de l'Eternel Dieu était de réunir toutes choses en Christ, celles qui sont dans les cieux et celles qui sont sur la terre (Ephésiens 1 :9-10). Lorsque les temps seraient accomplis de réunir toutes choses en Christ, Jéhovah allait investir son Fils de l'autorité royale, et à cette occasion, il allait lui accorder le vêtement des attributs de souveraineté, dévoilés et énumérés en apocalypse chapitre 5 verset 12. La volonté de Dieu est que tous les êtres, aussi bien ceux qui sont là haut dans les cieux que ceux qui sont sur la terre, sur la mer et sous la terre, reconnaissent à Jésus le vêtement des sept attributs de souveraineté ci-après :

1. La puissance
2. La richesse
3. La sagesse
4. La force
5. L'honneur
6. La gloire, et

7. La louange.

L'intronisation de Jésus se manifeste par la réception des sept attributs de souveraineté ci-dessus. Personne ne peut prouver que Jésus-Christ ait exercé ces sept attributs de souveraineté à un quelconque moment de l'histoire avant le trois mai 1983, date de son intronisation d'après la révélation qui nous a été accordée.

Ces sept dons que tous les êtres créés doivent faire à l'agneau qui a été immolé sont restés un slogan creux jusqu'en 1983. Savez-vous pourquoi ? Parce que :

- Le moment de faire tous ces dons à l'agneau de Dieu n'était pas encore venu, car ils sont liés à son intronisation symbolisée par le transfert du livre scellé de sept sceaux des mains de l'Eternel Dieu à celles de Jésus-Christ.
- Les êtres créés, notamment les hommes, ne comprennent pas bien la signification de tous ces attributs. Ils ne savent quoi en faire même lorsque Jésus est intronisé. Si les trois derniers attributs semblent quelque

peu compris, en l'occurrence l'honneur, la gloire et la louange, il faut reconnaître cependant que les quatre premiers, à savoir la puissance, la sagesse, la richesse et la force semblent échapper totalement à la compréhension des humains.

Si comme le disent les témoins Jésus a été intronisé en 1914 (sans autre précision concernant le mois et le jour), alors l'exercice des sept attributs devrait être évident, manifeste. Ce qui n'est pas le cas, car ni les témoins eux-mêmes ni personne d'autre n'agit dans le sens indiqué pour reconnaître à Jésus ces sept attributs. Faute de temps nous allons en épingler trois ici pour montrer que la date de 1914, date hasardée par les Témoins pour l'intronisation de Jésus, jusqu'en 1983, date publiée par Dieu lui-même, Jésus n'a jamais mis en œuvre les sept attributs. D'ailleurs les témoins eux-mêmes n'en savent absolument rien du tout.

4.2.1. LA PUISSANCE

Il est écrit en apocalypse 5 :12 que Jésus est digne de recevoir la puissance, c'est-à-dire le pouvoir et l'autorité. Qu'est-ce que le pouvoir ? Le pouvoir se définit comme la capacité d'imposer sa volonté, de forcer l'obéissance, de faire prévaloir son opinion dans une organisation.

A compter de son investiture de l'autorité royale comme roi des rois et Seigneur de toute la terre, Jésus a le monopole du pouvoir politique sur toute la terre. Il n'est plus question du peuple considéré par les rois d'origine satanique comme souverain primaire, comme détenteur du pouvoir politique. Ce pouvoir - là, Jésus ne l'a jamais exercé avant son intronisation intervenue selon nous le 3 mai 1983.

Je mets à défi les témoins de Jéhovah de prouver par des exemples concrets que Jésus a exercé le pouvoir politique avant 1983. Les témoins doivent prouver également qu'ils ont attesté et prêché au monde que Jésus avait reçu le monopole du pouvoir depuis 1914.

En tant qu'agneau de Dieu, il se contentait d'enseigner, de convaincre plutôt que d'imposer la volonté de son Père. Et les gens étaient libres de respecter ou de fouler aux pieds la volonté de Dieu, ses lois, ses commandements, ses ordonnances. Mais une fois intronisé, il ne sera plus question pour Jésus de supplier les gens d'observer les lois de Dieu, mais il les paîtra avec une verge de fer, comme on brise les vases d'argile (Apo 2 : 26-27 ; Ps 2 :9).

Si tous les êtres créés donnent le pouvoir à Jésus parce que Roi des rois et Seigneur des seigneurs, personne d'autre ne peut se l'approprier ni l'exercer concurremment. Or les témoins acceptent que leur Jésus et les rois du monde exercent le pouvoir concurremment depuis 1914. Les deux pouvoirs sont incompatibles. En principe le règne du Christ et celui des nations sont mutuellement exclusifs. Ou c'est Jésus qui règne, ou ce sont les rois des nations qui règnent. Pas tous les deux règnes à la fois. Décidément le Jésus des témoins n'est point celui de la Bible, celui d'Israël, celui de David, celui d'Isaïe, celui de Paul. Ils prêchent un Jésus qui n'est pas sacrificateur à la manière de Mélchisédek. Car le Jésus sacrificateur à la manière de Melchisédek concentre entre ses mains le sacerdoce et la royauté, et dès qu'il est intronisé, il domine sans délai au milieu de ses ennemis (Apo 10 :5-7 ; Ps 110 : 1-2).

Psaume 110 :1-7 :

Parole de l'Eternel à mon Seigneur : Assieds-toi à ma droite jusqu'à ce que je fasse de tes ennemis ton marchepied. L'Eternel étendra de Sion le sceptre de ta puissance : Domine au milieu de tes ennemis !
Ton peuple est plein d'ardeur, quand tu rassembles ton armée, avec des ornements sacrés, du sein de l'aurore.
Ta jeunesse vient à toi comme une rosée.
L'Eternel l'a juré et il ne s'en repentira point : Tu es sacrificateur pour toujours, à la manière de Meclchisédeck.
Le Seigneur à ta droite brise des rois au jour de sa colère.
Il exerce la justice parmi les nations : tout est plein de cadavres ; il brise des têtes sur toute l'étendue du pays. Il boit au torrent pendant la marche : c'est pourquoi il relève la tête.

Il va sans dire que celui qui prêche et atteste que Jésus a le monopole du pouvoir politique sur la terre ne peut en même temps prôner la soumission au roi, au gouverneur et au magistrat, autorités gouvernementales déchues de leurs fonctions du fait même de l'intronisation de Jésus.

Ainsi donc, en déclarant qu'ils ne peuvent pas mener une activité subversive, ni participer aux mouvements destinés au renversement des gouvernements établis par Satan, les témoins avouent leur apostasie et se révèlent être une organisation satanique.

Dieu ordonne à son fils de dominer au milieu de ses ennemis dès son intronisation, et aux rois de la terre de recevoir instruction de son fils tout en le baisant. Psaume 110 et Psaume 2 autorisent ou donnent droit au fils de Dieu de lever une armée qui combattra pour soutenir son trône, et faire appliquer ses instructions.

Que signifie dominer au milieu de ses ennemis ? C'est exercer son pouvoir sur ses ennemis. C'est imposer sa volonté, forcer l'obéissance, et faire prévaloir son opinion dans le concert des nations ennemies. Celui qui domine ne peut en aucun cas recevoir les ordres de personne. Celui qui est en position de dominer ne peut obéir à un autre, comme font les témoins de Jéhovah.

De 1914 à ce jour, je n'ai pas vu les témoins de Jéhovah dominer au nom de Jésus, ni même transmettre une instruction royale de Jésus aux rois de la terre, comme le veut Psaume 2. Ils n'ont même pas une tendance à la domination. Aucune velléité hégémonique.

Lorsque les temps furent accomplis, il a fallu quelques jours à Moïse pour libérer le peuple d'Israël de la servitude égyptienne. Il a aussi suffi de quelques années à Josué pour mettre Israël en possession de la terre promise. Mais je ne m'explique pas pourquoi depuis 1914 Jésus et les témoins de Jéhovah peinent à écraser, à pulvériser les royaumes du monde comme cela est prédit en Daniel 2 :36-44. Pourquoi Jésus qui a juré le jour de son intronisation qu'il n'y aurait plus de délai et que cette entreprise prendrait au maximum une seule génération, peinerait-il depuis 1914 à renverser les royaumes de Satan établis sur la terre ?

C'est que les témoins de Jéhovah sont des menteurs. Ce sont des faux témoins, car ils disent que Dieu les a envoyés pour proclamer l'intronisation de son Fils, Jésus-Christ, en 1914, alors qu'il ne les a point investis de cette mission. Ils disent que Dieu a intronisé Jésus en 1914 alors qu'il ne l'a pas fait. Les témoins font tout cela pour discréditer le Très Haut.

4.2.2. LA FORCE

Apocalypse 5 : 12 déclare que Jésus est digne de recevoir la force. Ainsi donc à dater de son intronisation, tous les êtres créés sans exception donnent à Jésus leur force. Qu'est-ce que la force ? La force renvoie à tout moyen de coercition, obligeant, contraignant quelqu'un à faire ou à ne pas faire quelque chose, à se soumettre, à obéir.

Les moyens dont dispose un roi pour faire respecter ses décisions, pour amener ses sujets à adopter telle conduite plutôt que telle autre, tel comportement plutôt que tel autre, sont :

1. Les lois
2. Les commandements
3. Les règles

4. Les décisions
5. Les institutions
6. Les forces de l'ordre :
    a. La police
    b. La gendarmerie
    c. L'armée

Jusqu'à l'intronisation de Jésus, c'est l'Etat qui avait le monopole de la violence ou de la force. A dater de son intronisation et aux termes de l'apocalypse 5 :12-13, c'est Jésus qui a le monopole de la violence ou de la force sur toute la terre.

C'est pourquoi Dieu, son Père, commande à tous les êtres, tant célestes que terrestres de mettre entre les mains de Jésus leur force.

Donner la force à Jésus signifie lui reconnaître le droit absolu de prendre les décisions, les lois, les ordonnances, d'édicter des instructions, d'émettre des règles touchant à tous les domaines de la vie du royaume du monde.

Donner la force à Jésus parce qu'il est devenu Roi des rois, c'est mettre entre ses mains les forces de l'ordre, en l'occurrence la police, la gendarmerie et l'armée. C'est la raison pour laquelle en Psaume 110, l'Eternel, proclamant son Fils Roi du monde, le charge de rassembler une armée.

Psaume 110 :1-7 :
Parole de l'Eternel à mon Seigneur : Assieds-toi à ma droite jusqu'à ce que je fasse de tes ennemis ton marchepied.
L'Eternel étendra de Sion le sceptre de ta puissance :
Domine au milieu de tes ennemis !
Ton peuple est plein d'ardeur, quand tu rassembles ton armée, avec des ornements sacrés, du sein de l'aurore.
Ta jeunesse vient à toi comme une rosée.
L'Eternel l'a juré et il ne s'en repentira point : Tu es sacrificateur pour toujours, à la manière de Meclchisédeck.
Le Seigneur à ta droite brise des rois au jour de sa colère.
Il exerce la justice parmi les nations : tout est plein de cadavres ; il brise des têtes sur toute l'étendue du pays. Il boit au torrent pendant la marche : c'est pourquoi il relève la tête.

Concrètement, Jésus, une fois devenu Roi, doit rassembler une force armée dont les éléments sont à recruter parmi le peuple de Dieu. C'est du concret que nous prêchons.

Je me demande si les témoins accomplissent cette écriture du Psaume 110. Les témoins sont-ils le peuple dont question dans ce psaume ? Nullement, car ils ne sont point remplis d'ardeur. Les témoins sont des lâches tout faits.

La jeunesse des témoins est –elle la jeunesse dont question dans cette écriture ? Pas du tout, car la jeunesse des témoins est lâche, et s'incline devant les rois de la terre, qu'ils sont censés combattre pour défendre le trône du Christ.

Je ne vois pas non plus l'armée que les témoins de Jéhovah ont rassemblée pour défendre le trône de Jésus – Christ en accomplissement de Psaume110.

Or sans cette armée aucune décision aucune instruction du nouveau Roi du monde, Jésus Christ, ne sera observée.

N'allez pas dire que cette armée est une armée des prédicateurs témoins de Jéhovah qui circulent bible à la main de maison à maison. Une armée n'est point à confondre avec de simples évangélistes. D'ailleurs leurs missions diffèrent nettement.

Comme son nom l'indique, l'armée est une force contraignante, combattante. L'armée est chargée d'assurer les opérations défensives et offensives d'un état, en l'occurrence du royaume de Dieu piloté par Jésus-Christ. Dans Psaume 110 :3 le mot armée emporte l'idée de la police, de la gendarmerie et des forces combattantes à la fois.

Psaume 110 montre que celui qui a le pouvoir a également le droit de disposer de la force pour faire respecter ses décisions, pour défendre son territoire contre l'agresseur éventuel et pour protéger les institutions du pays et les autorités qui les animent. C'est ainsi que dans ce psaume Dieu dit deux choses à son oint :1) domine au milieu de tes ennemis, et 2) rassemble ton armée. C'est que, quand Jésus est intronisé, quand il commence à régner, ses ennemis, ceux qui ne veulent pas qu'il règne sur eux (Luc 19 :27), sont encore là, vivants, dans leurs postes, dans leurs positions élevées, qui comme chefs des nations, qui comme chefs religieux. C'est pourquoi 1 Co 15 :25 déclare : « Il faut qu'il règne jusqu'à ce qu'il ait mis tous ses ennemis sous ses pieds. »

Cependant tous les ennemis, toutes les nations, et les hommes de toutes langues doivent, dès l'intronisation de Jésus recevoir ses instructions et lui donner la force, afin que ses instructions soient respectées sur toute la terre, celle-ci étant devenue son héritage, sa propriété, selon Psaume 2 :8.

Si tous les êtres créés donnent leur force à Jésus parce que Roi des rois et Seigneur des seigneurs, personne d'autre n'a le droit de continuer à entretenir une armée, une police, une gendarmerie ou une milice. C'est pourquoi il est écrit en Esaïe que tous les rois et tous les peuples déposeront aux pieds de Jésus leur pouvoir militaire et instruiront leurs armées de jurer loyauté et obéissance au nouveau roi du monde.

Esaïe 2 : 1-4 :

Il arrivera dans la suite des temps, que la montagne de la maison de l'Eternel sera fondée sur le sommet des montagnes, qu'elle s'élèvera, par-dessus les collines, et que toutes les nations y afflueront.
Des peuples s'y rendront en foule, et diront : Venez, et montons à la maison de l'Eternel, à la maison du Dieu de Jacob, afin qu'il nous enseigne ses voies, Et que nous marchions dans ses sentiers.
Car de Sion sortira la loi, et de Jérusalem la parole de l'Eternel.
Il sera le juge des nations et l'arbitre d'un grand nombre de peuples.
De leurs glaives ils forgeront des hoyaux, et de leurs lances des serpes :
Une nation ne tirera plus l'épée contre une autre, et l'on n'apprendra plus la guerre.

Cette écriture entre en vigueur le jour de l'intronisation de Jésus.

Alors si vous dites que vous servez Jésus-Christ conformément à Apocalypse 5 :11-13, en lui donnant la force, vous devez le prouver en :

- Respectant ses instructions, ses décisions, ses lois, ses commandements, qui sont ceux de Jéhovah Dieu, son Père, surtout en reconnaissant et en confessant que Jésus a désormais le monopole des instructions touchant à tous les domaines de la vie sur la terre.
- Sensibilisant, en conscientisant, et en mobilisant les autres à respecter les instructions royales de Jésus. Vous n'allez plus vous contenter d'observer pour votre part la parole, la loi de Dieu, laissant la liberté aux autres de la respecter ou de la fouler aux pieds. Si vous agissez ainsi vous passez à côté de Esaïe 2 :3, qui insiste sur une révolution populaire plaçant la loi de Dieu au-dessus de toutes les nations. Car il y aura une seule loi sur toute la terre, pour toutes les nations. Cela veut dire tout simplement qu'il n'y aura plus d'autre législateur que Dieu, son

Fils et son peuple, appelé Jérusalem. Il n'y aura plus de parlement, il n'y aura plus de sénat pour forger des lois, pour voter des lois. Toute loi non conforme à la loi du Dieu de Jacob sera combattue, extirpée et abrogée.

Chacun et tous doivent donc donner la force matérielle à Jésus. C'est ce qui est prévu en Esaïe 2 :3. Vous devez être le gendarme, le policier, le soldat du royaume de Dieu.

Donner la force à l'agneau de Dieu devenu Roi du monde sous-entend se dépouiller, se dessaisir du pouvoir judiciaire en faveur de Jésus – Christ et des saints. C'est reconnaître à Jésus et au peuple des saints le monopole des institutions judiciaires sur toute la terre. Roi de droit divin, Jésus a deux missions principales : faire régner la justice et entretenir le culte. Donc dès qu'il est intronisé, personne d'autre n'a le droit de dispenser la justice sur la terre. Ce serait usurper le pouvoir de Jésus. Aussi il est écrit :

« Il sera le juge des nations et l'arbitre d'un grand nombre de peuples ».

Donner la force à l'agneau de Dieu devenu Roi du monde suppose se dépouiller, se dessaisir de toute force matérielle en faveur de Jésus-Christ. C'est reconnaître à Jésus le monopole de la violence, de la force armée sur toute la terre. C'est pourquoi il est écrit :

« De leurs glaives ils forgeront des hoyaux, et de leurs lances des serpes :

Une nation ne tirera plus l'épée contre une autre, et l'on n'apprendra plus la guerre. »

Nul ne peut dire que Jésus est digne de recevoir la force et en même temps entretenir une armée, une police, ou une gendarmerie. C'est contradictoire. De même nul ne peut dire que Jésus-Christ est digne de recevoir la force et en même temps donner la force à un autre, c'est-à-dire prester comme policier, comme gendarme ou comme soldat pour le compte d'un autre Maître. C'est vouloir une chose et son contraire.

Dans le même ordre d'idée, nul ne peut dire que Jésus-Christ est digne de recevoir la force comme dit en apocalypse 5 :12-13 et en même temps tirer l'épée contre un autre, c'est-à-dire régler les conflits ou imposer sa volonté par la force. C'est un parjure.

Enfin nul ne peut dire que l'agneau de Dieu devenu Roi des rois et Seigneur de toute la terre est digne de recevoir la force et en même temps apprendre la guerre. Ce sont des choses incompatibles.

Quiconque entretient une force, tire l'épée contre un autre, apprend la guerre durant le règne de Jésus est un ennemi de Jésus. Celui-là sera exterminé.

Voilà brièvement ce que veut dire : « L'agneau qui a été immolé est digne de recevoir la force. »

Or les témoins permettent que durant le règne de Jésus une nation tire l'épée contre une autre et que l'on apprenne la guerre. C'est contradictoire avec le message qu'ils prêchent.

4.2.3. LA LOUANGE

Apocalypse 5 :12 déclare que Jésus est digne de recevoir la louange. Par conséquent dès le jour de son intronisation tous les êtres créés sont tenus de lui accorder leur louange.

Est-ce que les témoins donnent la louange à Jésus comme le veut cette écriture ? Lui donnent-ils l'adoration comme le veut l'Eternel ? L'invoquent-ils comme Dieu comme le suggèrent cette écriture et Matthieu 22 :41-45 ? Bien sûr que non. Les témoins donnent leur louange et leur adoration uniquement à l'Eternel Dieu. Ce faisant ils violent la volonté de Dieu clairement exprimée en Apocalypse 5 :12-14 et Hébreux 1 :6.

Alors quand vous fréquentez une telle secte vous allez tout droit en enfer ! Le souverain Jésus, une fois consacré, partage l'adoration avec son Père (Esaïe 42 :1-8). Le fait que les 24 anciens et les 4 êtres vivants ont chanté un cantique nouveau et se sont prosternés devant l'agneau aussitôt après son onction, est une preuve éclatante que l'Eternel veut que tous les êtres louent et adorent désormais son Fils. Quiconque adore Jésus adore Jéhovah, et quiconque refuse d'adorer Jésus refuse ipso facto d'adorer Jéhovah. Car la volonté de Jéhovah est que tous honorent et adorent le Fils comme ils honorent et adorent le Père (Jean 5 :22-23). Sur ce point les témoins sont les ennemis de Jésus comme les musulmans et les païens, qui refusent de reconnaître Jésus comme Dieu.

Pour ma part, j'ai changé la grille d'adoration depuis le trois mai 1983 en insérant l'adoration de Jésus immédiatement après celle de Jéhovah.

Nous avons montré que la proclamation de l'intronisation de Jésus par l'ASBL « Les témoins de Jéhovah » n'a pas donné lieu à la manifestation des 7 attributs de souveraineté reconnus à l'agneau de Dieu, ni chez les témoins eux-mêmes encore moins dans le reste du monde. Ceci veut dire que Jésus n'a pas été intronisé en 1914. C'est une fausse annonce faite par Satan en vue de discréditer l'Eternel et son Fils, en disant qu'avant l'intronisation de Jésus égale après son intronisation. Les témoins seront châtiés pour ce mensonge. Dieu ne les a point envoyés, c'est par audace qu'ils parlent de sa part. C'est pourquoi tous ceux qui ont adhéré à cette secte par ignorance de ce qu'elle est réellement, à savoir une secte satanique améliorée, doivent en sortir quand il est encore temps.

4.2.4. L'INSTRUCTION

Il est écrit que lors du rituel du couronnement de Jésus-Christ, Jéhovah Dieu, son Père, allait prononcer les paroles ci-après : **Psaume 2 : 10-12 :**

Et maintenant, rois, conduisez-vous avec sagesse !
Juges de la terre, recevez instruction !
Servez l'Eternel avec crainte, et réjouissez-vous avec tremblement. Baisez le fils, de peur qu'il ne s'irrite, et que vous ne périssiez dans votre voie, car sa colère est prompte à s'enflammer. Heureux ceux qui se confient en lui.

L'instruction dont il est question dans cette écriture est celle ayant trait notamment à la loi portant intronisation du Fils de Dieu, à la fin des temps des nations, et aux attributs de souveraineté du nouveau roi du monde.

Cette instruction ne s'adresse pas avant tout aux habitants de la terre en général. Elle n'est pas destinée aux esclaves, aux pauvres, aux petits. Cette instruction s'adresse aux puissants, aux dominateurs, aux autorités gouvernementales du monde. Ce sont eux avant tout qui sont concernés par l'intronisation de Jésus, car ce sont eux qui détiennent le pouvoir sur la terre. Ce sont eux qui doivent savoir que leur mandat est globalement terminé à la fin de l'ère de la grâce , comme cela a été prévu dans la constitution céleste.

C'est à eux qu'il faut dire de ne pas essayer de prolonger leur mandat, mais de rendre le pouvoir à Jésus et au peuple des saints du Très-Haut, comme cela est prévu dans la constitution divine.

C'est à eux qu'il faut dire de reconnaître Jésus-Christ comme Roi des rois et Seigneur des seigneurs, de lui faire allégeance, de le servir avec tremblement, et de l'invoquer comme Dieu, de peur qu'ils ne périssent dans leur voie.

C'est à eux qu'il faut dire de demander à leurs forces de l'ordre de jurer obéissance et loyauté à Jésus-Christ, afin de faire respecter toutes les mesures, toutes les décisions, toutes les lois, tous les commandements que le Roi du monde est appelé à prendre.

Depuis que les témoins de Jéhovah ont proclamé l'intronisation de Jésus, en 1914, ils n'ont adressé aucune instruction aux rois de la terre relativement à la loi et aux attributs de souveraineté de Jésus.

Ce qui prouve que les témoins de Jéhovah sont en fait de faux témoins de l'intronisation de Jésus-Christ.

Pour ma part, j'ai adressé aux rois de la terre et à tous les hommes, les instructions ci-après, émanant de l'Eternel et son Roi :

4.2.4.1. LETTRE OUVERTE AUX PEUPLES DE LA TERRE

Sheta-Sheta, envoyé du Dieu Très-Haut, établi Prédicateur de l'évangile éternel mentionné en apocalypse 14 :6-7 , à tous les peuples de la terre qui sont en Afrique, en Amérique, en Asie, en Europe et en Océanie, salut !

L'Eternel Dieu, qui a créé le ciel, et la terre, et la mer, et les sources d'eaux, et tout ce qui s'y trouve, m'a ordonné de vous attester la bonne nouvelle ci-après.

Le 03 mai 1983, le Dieu Très –Haut a investi son Fils Jésus-Christ de l'autorité royale, comme Roi des rois et Seigneur de toute la terre. A cette occasion Dieu lui a donné toutes les nations pour héritage et les extrémités de la terre pour possession. Tous les rois, toutes les nations, tous les peuples et les hommes de toutes langues doivent servir le nouveau Roi du monde ainsi que les Saints du Très-Haut, qui forment son gouvernement (Psaume 2 :1-12 ; Dan 7 :9-14, 26-27 ; Apo 5 :1-14).

La nation et le royaume qui ne serviront pas les Saints du Très-Haut périront, dit l'Eternel. Ces nations – là seront exterminées (Esaïe 60 :12).

Tous les rois, toutes les nations, tous les peuples et les hommes de toutes langues doivent se rallier à la loi portant investiture de l'autorité royale du Fils de Dieu, Jésus-Christ, comme Roi des rois et Seigneur des seigneurs, et en assurer une large diffusion.

L'autorité du Seigneur Jésus prime sur toutes les autres autorités établies sur la terre. C'est lui qui dirigera toutes choses. Les habitants de la terre, dans quelque lieu où ils se trouvent doivent suivre les décisions du Seigneur Jésus, même si elles sont contraires à celles des autorités locales.

Les premières volontés du Roi des rois et Seigneur des seigneurs sont les suivantes :

Le 03 mai de chaque année, jour de l'intronisation du Fils de Dieu, est proclamé jour férié, chômé et payé, sur toute l'étendue de la terre. Vous organiserez des réjouissances populaires ce jour-là. **Car c'est le jour de votre délivrance, jour où l'Eternel Dieu vous a donné un homme exceptionnel pour présider à vos destinées. Car c'est lui le Roi Jésus qui rétablira les peuples de la terre dans leurs droits politiques, économiques et sociaux bafoués par les règnes sataniques qui se sont succédé sur la terre.**

Tous les rois, toutes les nations, tous les peuples et les hommes de toutes langues doivent avoir un même dessein et donner leur **puissance** et leur autorité au Seigneur Jésus. Ils doivent se dessaisir, se dépouiller de leur souveraineté en faveur du Seigneur Jésus. Car leur souveraineté a cessé.

Tous les rois, toutes les nations, tous les peuples et les hommes de toutes langues doivent avoir un même dessein et donner leur **force** au Seigneur Jésus. C'est grâce à cette force que les différentes institutions dont le royaume sera doté, les lois, les commandements et les règlements dont il sera régi, les diverses décisions politiques et administratives qui s'y prendront, seront respectés.

Cette force veillera au maintien de l'ordre, à l'intégrité du royaume et combattra les ennemis de Dieu et de son Fils. Elle assurera la sécurité des personnes et de leurs biens, en mettant hors d'état de nuire les différents délinquants ou malfaiteurs qui transgressent les lois et les commandements de Dieu, les différentes mesures et décisions prises dans les différents domaines de la vie du royaume, et qui ne respectent pas les différentes institutions du royaume et les autorités qui les animent.

L'absence d'une telle force fait cruellement défaut et rend toutes les lois, toutes les décisions et tous les commandements de Dieu sans effet. Ainsi par exemple, les lois existantes interdisent l'homosexualité sur toute la terre.

Or il existe des gouvernements, des églises et des confessions religieuses qui ont légiféré dans le sens contraire et qui autorisent ou célèbrent des mariages gais.

Ces gouvernements, ces églises, ces confessions religieuses, et ces homosexuels méritent la mort. Or les forces de l'ordre de ces gouvernements soutiennent les autorités qui ont promulgué des lois iniques et sécurisent des mariages abominables.

Les choses doivent changer et rien ne sera plus comme avant. Les forces de l'ordre de tous les pays du monde doivent maintenant obéir à la parole du Seigneur Jésus et non à celle des autorités locales. Elles doivent obéissance et loyauté aux nouvelles autorités du monde en l'occurrence le Seigneur Jésus et les Saints du Très-Haut. Elles doivent par conséquent interdire, empêcher et réprimer toute violation des commandements de Dieu et ôter l'abomination de l'héritage du Fils de Dieu.

Tout habitant de la terre doit donner la force au Seigneur Jésus, pour l'accomplissement des diverses missions qui lui sont assignées par Jéhovah Dieu, son Père. Vous mettrez vos fils à la disposition du Roi du monde, afin de constituer une armée qui va combattre pour sanctifier le nom de l'Eternel et défendre la théocratie. Chacun doit prévenir les transgressions des lois et commandements de Dieu, les dénoncer et les réprimer le cas échéant et ce, indépendamment du fait que l'on soit chrétien ou pas. On ne doit pas souiller le pays du Seigneur Jésus. On ne doit pas faire de l'héritage du Fils de Dieu une abomination.

Tous les rois, toutes les nations, tous les peuples et les hommes de toutes langues doivent avoir un même dessein et donner leur **richesse** au Seigneur Jésus. Le fonctionnement de l'administration du royaume, la reconstruction du monde et l'éradication de la pauvreté sur la terre exigent un budget colossal. Les nations doivent donc mettre leurs trésors à la disposition du Seigneur de toute la terre.

Tous les rois, toutes les nations, tous les peuples et les hommes de toutes langues doivent avoir un même dessein et donner leur **sagesse** au Seigneur Jésus. Pour transformer ce monde, en faire un trésor, une perle de grand prix et un paradis, et donner à chaque habitant l'éclat du soleil comme l'a promis le Fils de Dieu, il faut disposer des ressources humaines hautement qualifiées. Chacun doit donc donner au Roi du monde tout son savoir et tout son savoir-faire.

Tous les rois, toutes les nations, tous les peuples et les hommes de toutes langues doivent avoir un même dessein et donner au Roi Jésus la **louange.** Il n'est plus question d'être chrétien ou non. Quiconque habite la terre doit savoir qu'il habite la maison, l'héritage, la possession, la propriété de Jésus. Il n'est qu'un résident sur la terre. En conséquence il doit apporter toute sa louange au Fils de Dieu, l'adorer et l'invoquer comme Dieu.

Tous les rois, toutes les nations, tous les peuples et les hommes de toutes langues doivent avoir un même dessein et donner leur **honneur** au Seigneur Jésus. Le Roi des rois est la plus haute autorité de l'univers après Jéhovah Dieu, son Père (1Co 15 :27). Une telle fonction, une telle position, mérite le respect le plus profond et le plus absolu qui soit. La personne de Jésus est inviolable. Vous ne pouvez plus citer le nom du Seigneur Jésus en vain. Quand vous parlez du Seigneur Jésus, le ton de votre discours doit rester respectueux du début à la fin. N'utilisez pas de termes désobligeants ni aucune forme de langage impoli, indépendamment du fait que vous soyez chrétien ou non. N'utilisez aucune parole vaine à son endroit comme le faisaient jadis les juifs incrédules, les principaux sacrificateurs, les pharisiens, leurs magistrats et les soldats. Désignez le Seigneur Jésus en tant que Roi des rois. Un autre moyen de le désigner c'est : « Votre Sainteté » ou « Très Saint Seigneur », « Très Saint Roi». Vous ne devez vous adresser au Roi des rois qu'avec ces formules et non pas en nommant son prénom de Jésus. Les formules ci-dessus s'appliquent exclusivement au Roi des rois, Jésus. Vous n'appellerez personne d'autre sur la terre : « Votre Sainteté » ou « Très Saint Père ».

Tous les rois, toutes les nations, tous les peuples et les hommes de toutes langues doivent avoir un même dessein et donner au Seigneur Jésus leur **gloire.** Vous devez croire de tout votre cœur que Jésus – Christ est devenu Roi des rois et Seigneur des seigneurs, le confesser de votre bouche, l'invoquer et l'adorer comme Dieu (Psaume 2 :10-12 ; Philippiens 2 :5-11 ; Hébreux 1 :6 ; Apo 5 :8,14).

Tous les rois et tous les peuples doivent travailler désormais pour la cause ou les intérêts du Roi Jésus et du peuple des Saints (Esaïe 60 :10). Concrètement vous devez sanctifier la terre sur laquelle vous habitez car elle est devenue une terre sainte.

Toute religion qui ne reconnaît pas Jésus-Christ comme Roi des rois et Seigneur de toute la terre, qui ne l'adore pas et ne l'invoque pas comme Dieu, doit disparaître de la surface de la terre. Toute croyance, toute pratique contraire à la volonté du Roi Jésus doit être bannie de vos mœurs.

Toute église qui ne compte pas en son sein un saint ou un juste doit être fermée. Toute église indépendante qui ne connaît pas le livre de la révélation ou qui n'a pas un enseignement authentique de ce livre, doit cesser d'exister. Toute église dont les fondateurs ou les principaux Pasteurs sont morts de maladie, de vieillesse, d'épuisement, d'accident ou d'empoisonnement doit être interdite. Car une telle église n'est point connue de l'Eternel.

Les cultes et les messes des morts doivent cesser sur toute l'étendue du globe, car les justes ne meurent pas sous le règne de Dieu, excepté ceux qui sont destinés au martyre. Cessez de donner aux pécheurs une fausse assurance de salut, dit l'Eternel des armées. Le juste n'a pas besoin de messe pour être accueilli dans le royaume de Dieu. Quant à ceux qui meurent dans le péché il n'y a pas de pardon dans le séjour des morts.

Tous les dieux qui n'ont point fait les cieux et la terre doivent disparaître de la terre et de dessous les cieux, dit le Roi du monde. Ne souillez pas le pays de Jésus. Ne faites pas de l'héritage du Fils de Dieu une abomination. Dès réception de la présente lettre, vous renverserez tous les faux dieux et brûlerez au feu leurs autels.

L'ivrognerie, la convoitise, le vol, le meurtre, le mensonge, l'idolâtrie, la magie, la sorcellerie, le fétichisme, et l'invocation des morts doivent cesser complètement sur toute l'étendue de la planète.

L'adultère, l'impudicité, la prostitution, l'homosexualité, la pédophilie, la pornographie, et toute espèce d'impureté, doivent disparaître de votre milieu. Il en est de même de la violence, de la consommation du sang, de l'oppression, de l'asservissement, du luxe, de l'enrichissement sans cause, et d'autres choses semblables, qui sont prohibés par la loi divine mais tolérés par les lois des nations et leurs forces de l'ordre.

Les maisons de débauche doivent cesser d'exister sur toute la terre.

Des chansons et des films obscènes, doivent être détruits sur toute la terre.

Toute statue, tout livre magique, tout objet magico-religieux doit être livré au feu pour être brûlé.

Vous servirez le Roi des rois avec tremblement et exécuterez ses instructions sans atermoiement, mais avec crainte, de peur qu'il ne s'irrite et que vous ne périssiez dans votre voie. Car sa colère est prompte à s'enflammer. Et il brisera les nations avec une verge de fer. Il les brisera comme le vase d'un potier.

Si une nation, si un royaume ne se soumet pas à Jésus-Christ, Roi des rois, je châtierai cette nation par l'épée, par la famine, par la pauvreté, par les épidémies, par les bêtes sauvages de la terre, par la mortalité, dit l'Eternel , jusqu'à ce que je l'aie anéantie par sa main.

Les saints du Très-Haut sont instruits de se redresser et de lever leurs têtes, parce que le temps est venu où vous devez entrer en possession du royaume. Vous veillerez personnellement à l'exécution des présentes instructions.

Fait à Lubumbashi, le 23 Avril 2014.

4.2.4.2. LETTRE AU PRESIDENT DES USA

Monsieur le Président,

CONCERNE : LA FIN DES TEMPS DES NATIONS

PJ: - LET No 02/MEE/RD/2014
- LET No 03/MEE/RD/2014

====================================

L'Eternel, le Dieu Très –Haut, qui a fait le ciel, et la terre, et la mer, et les choses qui y sont, m'a ordonné de vous écrire la lettre dont la teneur suit.

« Les temps des nations sont terminés depuis le 03 mai 1983. En conséquence, j'ai oint mon Fils, Jésus-Christ, comme Roi des rois et Seigneur des seigneurs de toute la terre. Je lui ai donné les nations pour héritage et les extrémités de la terre pour possession. Tous les peuples, les nations et les hommes de toutes langues le serviront. Sa domination est une domination éternelle qui ne passera point, et son règne ne sera jamais détruit. Le règne de la Papauté a donc pris fin, la souveraineté de tous les Etats du monde a cessé »

« En vertu de ce qui précède, je t'instruis de :

1. Renoncer à tout devoir ou obligeance envers la Papauté.
2. Reconnaître mon Fils, Jésus-Christ, comme Roi des rois et Seigneur des seigneurs, le baiser et l'invoquer comme Dieu.
3. Proclamer la dissolution de l'Etat américain.
4. Restituer à tous les peuples incorporés dans l'Etat américain la souveraineté dont ils ont été dépossédés, afin qu'ils servent directement mon Fils Jésus-Christ, comme leur unique Roi et leur unique Seigneur.
5. Te démettre immédiatement après de toutes tes fonctions.
6. Ne point différer, mais appliquer sans délai cette loi nouvelle et éternelle dont dépend le bonheur des habitants de la terre. Faute de le faire volontairement, tu y seras contraint par la force, car la colère de mon Fils, Jésus-Christ, est prompt à s'enflammer. »

Ci-joint 4 livres que j'ai écrits sous l'inspiration divine.

Je vous prie de recevoir, Monsieur le Président, mes salutations apostoliques.

KAMANGO SELEMANI Sheta – Sheta

Apôtre Messager de l’Evangile éternel

4.2.4.3. LETTRE AU SECRETAIRE GENERAL DE L'ONU

Monsieur le Secrétaire Général,

CONCERNE : LA FIN DES TEMPS DES NATIONS

PJ: -LET No 01/MEE/RD/2014

-LET No 03/MEE/2014

==

L'Eternel, le Dieu Très–Haut, qui a fait le ciel, et la terre, et la mer, et les choses qui y sont, m'a ordonné de vous écrire la lettre dont la teneur suit.

« Les temps des nations sont terminés depuis le 03 mai 1983. En conséquence, j'ai oint mon Fils, Jésus-Christ, comme Roi des rois et Seigneur des seigneurs de toute la terre. Je lui ai donné les nations pour héritage et les extrémités de la terre pour possession. Tous les peuples, les nations et les hommes de toutes langues le serviront. Sa domination est une domination éternelle qui ne passera point, et son règne ne sera jamais détruit. Le règne de la Papauté a donc pris fin, la souveraineté de tous les Etats du monde a cessé. »

« En vertu de ce qui précède, je t'instruis de :

1. Reconnaître mon Fils, Jésus-Christ, comme Roi des rois et Seigneur des seigneurs, le baiser et l'invoquer comme Dieu.
2. Proclamer le 03 mai journée mondiale du Seigneur et instruire toutes les nations de l'inscrire en lettres d'or sur leurs calendriers respectifs, d'en faire un jour chômé et payé, et de le célébrer avec faste comme jour de délivrance pour tous les hommes.
3. Instruire tous les Etats de restituer aux peuples qui les composent, la souveraineté dont ils ont été dépossédés au profit des Etats communs, et de s'auto dissoudre immédiatement après.
4. Ne point différer, mais appliquer sans délai cette loi nouvelle et éternelle dont dépend le bonheur des habitants de la terre. Faute de le faire volontairement, tu y seras contraint par la force, car la colère de mon

Fils, Jésus-Christ, est prompte à s'enflammer. »

Ci-joint 4 livres que j'ai écrits sous l'inspiration divine.

Je vous prie de recevoir, Monsieur le Secrétaire Général, mes salutations apostoliques.

KAMANGO SELEMANI Sheta – Sheta,

Apôtre Messager de l'Evangile éternel

4.2.4.4. LETTRE AU PAPE FRANCOIS

CONCERNE:LA FIN DES TEMPS DE LA PAPAUTE
PJ: -LET No 01/MEE/RD/2014
-LET No 02/MEE/RD/2014
======================================
=====

Votre Sainteté,

L'Eternel, le Dieu Très-haut, qui a créé le ciel, et la terre, et la mer, et les choses qui y sont, m'est apparu et m'a ordonné de vous écrire la lettre dont la teneur suit.

« Les temps des nations sont terminés depuis le 03 mai 1983. En conséquence, j'ai oint mon Fils, Jésus –christ, comme Roi des rois et Seigneur des seigneurs de toute la terre. Je lui ai donné les nations pour héritage, les extrémités de la terre pour possession. Tous les peuples, toutes les nations et les hommes de toutes langues le serviront. Sa domination est une domination éternelle qui ne passera point, et son règne ne sera jamais détruit. »

« Le règne de la Papauté a donc pris fin, la souveraineté de tous les Etats du monde a cessé. L'imposture est arrivée à sa fin, l'usurpation est terminée. Le successeur de Saint Pierre ne peut être un Souverain Sacrificateur, encore moins un roi des rois d'ordre divin. Saint Pierre n'était ni l'un ni l'autre»

« En vertu de ce qui précède, je t'instruis de libérer le trône que tu occupes injustement et de te retirer sans délai du christianisme. Si tu refuses de t'en aller, tu périras dans ta voie, car la colère de mon Fils, Jésus-Christ, est prompte à s'enflammer. »

Ci-joint 4 livres que j'ai écrits sous l'inspiration divine.

Tous mes bons vœux vous accompagnent.

KAMANGO SELEMANI Sheta – Sheta,

Apôtre Messager de l'Evangile éternel

5. LES OINTS ENLEVES EN 1914

Les Témoins affirment que l'enlèvement des oints a eu lieu en 1914. Et depuis cette année-là, tous les oints qui meurent sont immédiatement ressuscités et enlevés au ciel auprès de Jésus-Christ pour exercer leur règne. Ceci est un gros mensonge. A ce propos, nous défions les Témoins de Jéhovah de prouver que les corps des soi-disant oints ne sont pas dans leurs tombeaux.

En effet, si un mort ressuscite, son corps ne peut continuer à séjourner dans la tombe. Et si les oints Témoins de Jéhovah sont ressuscités, puisque leurs noms et leurs tombeaux sont bien connus, il n'est que d'ouvrir leurs tombeaux pour voir si leurs corps sont absents.

Car la résurrection d'un mort est un phénomène qui ramène celui-ci à la vie, et aucun de ses cheveux ne reste dans la tombe. En est-il bien ainsi des oints Témoins de Jéhovah? La Bible ne nous laisse pas sur le doute quant à la résurrection des morts. Selon la Bible, la seule preuve tangible qu'un mort est ressuscité c'est qu'il ne connaisse pas la corruption.

La Bible a employé cet argument pour démontrer que David n'était pas le saint de Jéhovah dont il était dit que Jéhovah ne permettrait pas que son saint voie la corruption (Ps 16 : 10).

Savez-vous ce que Paul et ses compagnons dirent aux Juifs pour démontrer que l'écriture précitée s'appliquait à Jésus-Christ et non à David? Ils dirent que David était encore dans son tombeau alors que Jésus - Christ avait été ressuscité, afin qu'il ne vît point la corruption (Ac. 13 : 35-37).

C'est dire que pour attester qu'un mort est ressuscité il faut et il suffit que son corps revienne à la vie. Ce que les Témoins de Jéhovah sont incapables de prouver en ce qui concerne leurs oints morts.

Non, la résurrection n'a pas encore eu lieu. Tous les morts sont encore dans le séjour des morts y compris les douze apôtres de Jésus. Le livre de révélation montre que jusqu'à l'ouverture du cinquième sceau, tous les oints martyrs sont toujours sous l'autel, attendant leur résurrection.

Or nous ne sommes pas encore arrivés au cinquième sceau (Apoc. 6 : 9-11). D'autre part, l'enlèvement des élus ne va pas s'étendre sur plusieurs décennies comme l'enseignent les Témoins de Jéhovah.

La Bible déclare que tous les morts ressusciteront en une fois revêtus de l'incorruptibilité, et tous les élus vivants seront changés également en un instant et ils seront enlevés auprès de Jésus-Christ (1 Co. 15 : 51-52 ; 1 Thes. 4 : 15-17). De plus la première résurrection ne concerne que les serviteurs de Dieu qui auront été immolés à cause de la parole de Dieu et à cause du témoignage de Jésus.

Or les oints dont parlent les Témoins de Jéhovah sont des personnes qui sont décédées des maladies, d'accidents ou d'autres causes naturelles (Lire Apoc. 20 : 4-6).

Selon les saintes écritures, l'enlèvement des élus interviendra à la 7e trompette (Apoc. 12 : 5). Mais nous n'en sommes pas encore là.

L'enseignement des Témoins de Jéhovah sur l'enlèvement et la résurrection des oints se révèle donc totalement faux.

6. LES SEPT TETES DE LA BETE

Les témoins de Jéhovah ont menti au sujet des sept têtes de la bête écarlate décrite en apocalypse 17. Dans leur livre intitulé « La Révélation, le grand dénouement est proche. », ils disent en page 187, deuxième colonne, deuxième paragraphe, que « les sept têtes de cette bête sauvage représentent six grandes puissances mondiales qui se sont succédé dans l'histoire biblique jusqu'aux jours de Jean, ainsi qu'une septième puissance mondiale qui, selon la prophétie, devait apparaître ultérieurement », à savoir l'Egypte, l'Assyrie, Babylone, l'Empire médo-perses, la Grèce, Rome et la puissance Anglo-américaine .

Ils ont assimilé les têtes à des animaux entiers et de là ils ont identifié les 7 têtes avec des nations qui n'ont en réalité aucun rapport avec, et ce, en contredisant l'interprétation déjà donnée par Dieu lui-même. Voici comment. Nous comparons ci-après l'interprétation de Dieu à celle des Témoins de Jéhovah :

Table 1 : Table comparative de l'interpretation de Dieu à celle des témoins de Jéhovah

INTERPRETE	Egypte	Assyrie	Babylone	Mèdes-Perses	Grèce	Rome	Etats-Unis
Eternel Dieu	-	-	LION	OURS	LEOPARD	ANIMAL A 10 CORNES	ANIMAL SEMBLABLE A UN AGNEAU
Témoins de Jéhovah	1è Tête	2èTête	3èTête	4èTête	5èTête	6èTête	7èTête

On voit clairement dans ce diagramme que ce que Dieu appelle Lion, les Témoins de Jéhovah l'appellent 3ème tête d'un animal qui n'a qu'une gueule de lion et semblable à un léopard. Ce que Dieu appelle Ours, les témoins de Jéhovah le tiennent pour la 4ème tête d'un animal qui n'a que les pieds d'un ours et semblable à un léopard, qui n'est donc pas un ours entier.

Ce que l'Eternel Dieu appelle Léopard, les témoins l'identifient à la 5ème tête d'un animal qui n'est que semblable à un Léopard sans être un Léopard tout fait.

Ce que Jéhovah, Dieu, appelle animal extraordinaire à 10 cornes, ses prétendus témoins l'appellent une simple tête, une 6ème tête d'un autre animal qui est semblable à un Léopard.

Enfin, ce que Jéhovah, Dieu, appelle animal à deux cornes semblables à celles d'un agneau, les témoins de Jéhovah le tiennent pour une simple tête, une 7ème, d'un animal censé être servi par lui avec toute l'autorité de ce dernier.

Le chapitre 13 de l'apocalypse révèle qu'un animal peut avoir les pieds de l'ours sans être semblable à un ours, une gueule du lion sans être semblable à un lion ; car l'animal en question n'est pas dit semblable à un ours ni à un lion, mais à un léopard. Par ailleurs une tête ne peut être comparée à un animal entier, une tête doit être rattachée à un corps, à un animal.

D'autre part, les témoins affirment que la bête écarlate c'est la Papauté. Et chacun sait que la Papauté est antérieure aux Etats-Unis. Si la 7è tête égale les Etats-Unis plus la Grande Bretagne, l'ordre chronologique d'apparition de ces puissances sera renversé et la parole de Dieu aura failli totalement, car la bête, savoir la Papauté, qui est le 8è roi, apparaîtrait avant la 7è tête, qui est le 7è roi, lequel coïncide avec l'alliance anglo-américaine, selon eux. Dans ce cas la parole de Dieu devient un mensonge et celle des témoins une vérité. Acceptez-vous cette conclusion ? Non, elle est absurde.

Selon la prophétie, les 7 têtes appartiennent à la 4ème puissance mondiale, dont elles forment les 7 dynasties régnantes, et elles ne sont point 7 pays différents comme l'enseignent les témoins de Jéhovah.

Les témoins de Jéhovah sont donc des menteurs, et un menteur ne vient point de Dieu, mais de Satan. Donc l'Association les Témoins de Jéhovah est du diable.

Quiconque fréquente cette association doit savoir qu'il est en train d'allaiter à la mamelle empoisonnée de Satan et qu'il finira dans l'étang de feu et de soufre.

Car la part des menteurs, dit Apocalypse 21 :8 est dans l'étang de feu et de soufre. Vous ne pourrez pas dire que vous ne le saviez pas.

7. CONCLUSION

Cher lecteur, vous avez pu reconnaître que les Témoins de Jéhovah sont de faux prophètes. Les points que nous venons de soulever dans cet écrit constituent une fraction infime des monstruosités enseignées par les Témoins et qui malheureusement remplissent la terre.

Parmi les autres enseignements mensongers des Témoins nous pouvons citer sans limitation : le sacerdoce des femmes, l'identité des 24 anciens, le scellement des 144.000 oints, le remuement des îles et des montagnes, le retrait du ciel, la répartition géopolitique des prêtres-rois, l'image et la marque de la bête, la blessure mortelle de la bête, etc. Le temps et l'espace nous manquent pour en parler en détail ici.

Certes, les Témoins basent leurs enseignements sur la Bible, mais le fait de se référer à la parole de Dieu ne signifie pas que ce qu'on en dit est vrai. Le serpent ne s'était-il pas référé à la parole de Dieu lorsqu'il tenta notre grand-mère (Ge 3: 1-7) ? Les Témoins font de même.

Les Témoins de Jéhovah sont des faux prophètes dont vous avez appris la venue et qui sont déjà dans le monde. En effet, ils portent les trois signes reconnus aux faux prophètes et faux pasteurs, à savoir :
1) l'apparence d'un agneau ; 2) la parole du dragon et 3) les prodiges.

Quant à l'apparence de piété, les Témoins passent pour une organisation pacifique, innocente, qui ne s'engage pas dans les conflits armés, qui ne veut du mal à personne. Concernant les prodiges, les Témoins arrachent l'admiration de toute la terre pour les œuvres qu'ils réalisent pour le compte de la prédication.

Malgré cela, ils parlent comme un dragon, car ils falsifient la parole de Dieu, citent des versets de l'écriture mal à propos, et profèrent des paroles arrogantes, notamment en s'élevant au-dessus de tous les croyants.

C'est pourquoi, séparez-vous des Témoins de Jéhovah, de peur que vous ne participiez à leurs péchés et que vous n'ayez de part à leurs fléaux.

En effet, la Bible déclare que tous les menteurs, leur part sera dans l'étang de feu et de soufre, ce qui est la seconde mort (Apoc. 21 : 8). Or nous venons de montrer que les Témoins de Jéhovah aiment et pratiquent le mensonge. Donc leur part sera indiscutablement' dans l'étang de feu et de soufre, à moins qu'ils ne se repentent de leurs mensonges.

Aussi est-ce l'occasion pour nous d'inviter les Témoins de Jéhovah à retirer leur enseignement car il égare des millions d'humains en même temps qu'il hypothèque leur chance de salut. S'ils ne veulent pas le retirer, la colère de Jéhovah Dieu se déchaînera sur eux.

Edition revue et mise à jour à Lubumbashi, le 24 Février 2019

Première édition : Lubumbashi, le 03 Mai 2004.

TABLE DES MATIERES

AUTRES TITRES DISPONIBLES DU MEME AUTEUR

- Imminente destruction de la Chrétienté, Tome I
- La nouvelle naissance : semence, parents, signes et obstacles
- Dans moins de 15 ans la papauté, l'Eglise Catholique et les Etats-Unis seront détruits
- L'Evangile éternel, règne de Dieu et fin du monde
- Un vrai chrétien ne pèche point
- Muhammad, le Coran et l'islam ne viennent point de Dieu
- Gardez-vous avec soin du message du Graal
- Tous les pasteurs n'ont pas droit aux dîmes et aux offrandes
- Prières pour la fin du Monde
- Viens et Vois Synagogue de Satan
- La destruction des autorités gouvernementales par Jésus – Christ est proche

Vous pouvez vous procurer l'un de ces livres en envoyant votre demande aux adresses ci-après :

- E-mail :egliseevangileeternel@yahoo.fr

- + 243 81 216 25 03
- + 243 99 322 89 47

Printed by Books on Demand GmbH, Norderstedt / Germany